BEI GRIN MACHT SICH IHR WISSEN BEZAHLT

- Wir veröffentlichen Ihre Hausarbeit, Bachelor- und Masterarbeit

- Ihr eigenes eBook und Buch - weltweit in allen wichtigen Shops

- Verdienen Sie an jedem Verkauf

Jetzt bei www.GRIN.com hochladen und kostenlos publizieren

Stefanie Norden, Tristan Büchtmann

Der anthropogene Klimawandel in den Medien

Eine Bestandsaufnahme

GRIN Verlag

Bibliografische Information der Deutschen Nationalbibliothek:

Die Deutsche Bibliothek verzeichnet diese Publikation in der Deutschen National-
bibliografie; detaillierte bibliografische Daten sind im Internet über http://dnb.d-
nb.de/ abrufbar.

Impressum:

Copyright © 2007 GRIN Verlag, Open Publishing GmbH
Druck und Bindung: Books on Demand GmbH, Norderstedt Germany
ISBN: 978-3-640-96489-5

Dieses Buch bei GRIN:

http://www.grin.com/de/e-book/175490/der-anthropogene-klimawandel-in-den-
medien

GRIN - Your knowledge has value

Der GRIN Verlag publiziert seit 1998 wissenschaftliche Arbeiten von Studenten, Hochschullehrern und anderen Akademikern als eBook und gedrucktes Buch. Die Verlagswebsite www.grin.com ist die ideale Plattform zur Veröffentlichung von Hausarbeiten, Abschlussarbeiten, wissenschaftlichen Aufsätzen, Dissertationen und Fachbüchern.

Besuchen Sie uns im Internet:

http://www.grin.com/

http://www.facebook.com/grincom

http://www.twitter.com/grin_com

Universität Bremen

FB 7: Wirtschaftswissenschaft

Nachhaltiges Management

Referat

zur Speziellen Betriebswirtschaftslehre

„Nachhaltiges Management"

im Wintersemester 2006/2007

Thema:

Der anthropogene Klimawandel in den Medien
- eine Bestandsaufnahme –

---

vorgelegt von:

Stefanie Norden

Tristan Büchtmann

Abgabetermin:

9. Februar 2007

1. Grundgedanken

Die Medien sind in der heutigen Gesellschaft zu einem bedeutenden Faktor geworden. Sie informieren nicht nur, sondern tragen durch ihre Berichterstattung ganz maßgeblich zu der Bildung öffentlicher Meinungen bei und können durch die dabei von ihnen verwendeten Instrumente diese beeinflussen und prägen. Politik und Wirtschaft sind sich der Macht öffentlicher Meinungen spätestens bei den Ereignissen um die Ölplattform Brand Spar bewusst geworden[1].

Der Klimawandel, gerade durch seine bedrohlichen Konsequenzen, ist ein Thema von hoher Brisanz und Emotionalität. Die Auswirkungen des anthropogenen Klimawandels werden im Alltag immer spürbarer, und somit rückt das Thema Klimawandel immer stärker in den Fokus der Aufmerksamkeit der breiten Öffentlichkeit. Diese ist allerdings grundlegend uninformiert über dieses Thema, auch aufgrund der großen Komplexität desselben, und verfügt als primäre Informationsquelle nur über die Medien.

Daher ergibt sich die logische Brücke, die Rolle der Medien in diesem Kontext genauer zu betrachten und ihre Berichterstattung zu analysieren.

Da es aber objektiv nicht möglich ist, eine „richtige" Form der Berichterstattung zu definieren und eventuelle Abweichungen davon herauszustellen, wird sich dieses Referat auf eine Bestandsaufnahme, mit einem Schwerpunkt auf die Berichterstattung der letzten sechs Jahre, beschränken und dabei detailliert auf die Formen der Berichterstattung und deren besondere Schwerpunkte eingehen.

Im Zuge der Strukturierung dieses Referats wurde es notwendig, vom bisher eingereichten Zehnzeiler abzuweichen, da die Berichte der Medien weniger im historischen Verlauf differieren, sondern sich vielmehr durch die publizierten Inhalte definieren.

Dementsprechend wird im Hauptteil dieser Arbeit aufeinander folgend auf die Berichterstattung über die Auswirkungen des Klimawandels, über die Anpassungen und über die im Kontext zum Klimawandel entstandenen Kontroversen eingegangen werden.

Als primäres Problem bei der Recherche zu diesem Thema stellte sich heraus, dass es wenig verfügbare wissenschaftliche Publikationen hierzu gibt, wodurch als

---

[1] vgl. Greenpeace – Start – Themen – Öl – Brent Spar – Glaubwürdigkeit – das wichtigste Kapital einer NGO, *Homepage* (WWW v. 30.01.2007)

hauptsächliche Quellen dieser Arbeit direkt die Berichte der Medien dienen mussten, und hier insbesondere, durch ihre bessere Verfügbarkeit bedingt, diejenigen der deutschen Printmedien.

Grundlegend wird in diesem Referat als bekannt vorausgesetzt, was Klimawandel ist und was Medien sind, beides ausführlich zu definieren und die biologischen, meteorologischen, sozialwissenschaftlichen u.v.a. Hintergründe zu erläutern, würde den Rahmen dieser Arbeit übersteigen.

In dieser Bestandsaufnahme geht es einzig um die Berichterstattung der Medien, d.h. wenn im Zuge derselbigen von etwas geschrieben wird, bedeutet das in diesem Kontext, dass die Medien über diesen Punkt in entsprechender Art berichtet haben – und nicht etwa, dass diese Aussage zwangsweise auf einer wissenschaftlichen Grundlage fundiert ist.

Schwerpunkte als Quellen stellen das Onlinearchiv von „Die Zeit", sowie die Onlineausgabe von „Der Spiegel" dar.

Ungeachtet der aufgetretenen Probleme, wie bei der Recherche und der Unmöglichkeit, genau Fehlverhalten oder Mängel der medialen Berichterstattung definieren zu können, oder vielleicht gerade wegen dieser Probleme, hat sich das Thema als ausgesprochen spannende, intellektuelle Herausforderung erwiesen.

2. Klimaveränderungen

Die Berichterstattung der Medien über die Veränderungen des Klimas aufgrund des anthropogenen Klimawandels lassen sich grob in drei Kategorien teilen, erstens, die Ursachen für den Klimawandel, zweitens, die Wirkungen, die sich daraus für die Menschheit ergeben, und drittens Szenarien über die Zukunft.

Als primäre Quelle in der wissenschaftlichen Berichterstattung über den Klimawandel dienen den Medien die etwa 1000-seitigen Berichte des Intergovernmental Panel on Climate Change (IPCC) der UN, die von mehr als 500 Wissenschaftlern erstellt und von etwa 300 weiteren Experten begutachtet wurden.[2]

---

[2] vgl. DRÖSSER/RAUNER, *Aus allen Wolken gefallen* (Die Zeit, 34/2002)

2.1 Ursachen

Die Ursachen des Klimawandels werden im Ausstoß von Treibhausgasen, insbesondere des durch Verbrennung fossiler Brennstoffe entstehenden, ansonsten ungiftigem Kohlendioxid (CO2), gesehen, so die Medien denn die Schuld der Menschen am aktuellen Klimawandel eingestehen (siehe auch: Kapitel 4.3).

2.2 Wirkungen

„Es gibt neue und stärkere Belege (evidence) dafür, dass die beobachtete Erwärmung der letzten 50 Jahre zum Großteil auf menschliche Aktivitäten zurückzuführen ist", zitiert Schnabel[3] die Zusammenfassung des dritten, zu diesem Zeitpunkt unlängst erschienen IPCC-Berichts, dessen Prognosen für einen weiteren Temperaturanstieg zusammengefasst folgendermaßen aussehen:

- „Der bereits beobachtete Rückgang der Berggletscher setzt sich unaufhaltsam fort.

- Auch die mit Schnee bedeckten Flächen der Erde, die in den vergangenen 40 Jahren ‚sehr wahrscheinlich' um 10 Prozent geschrumpft sind, werden weiter abnehmen.

- Wetterextreme wie sommerliche Dürren, starke Niederschlagsschwankungen und Überschwemmungen – die schon jetzt in einzelnen Gebieten auftreten – werden in allen mittleren Breiten zunehmen.

- Der Meeresspiegel steigt voraussichtlich bis zum Jahr 2100 um 9 bis 88 Zentimeter an."[3]

- „Die Erde erwärmt sich im nächsten Jahrhundert im globalen Mittel um 1,4 bis 5,8 Grad"[4]

Und so wie es Berichte darüber gibt, dass es kaum noch einen „echten" Winter im Schwarzwald gibt[5], mehren sich die Artikel über die sich, inzwischen in der Bundesrepublik wahrnehmbaren und auf den anthropogenen Klimawandel zurückzuführenden Temperaturanstieg, ergebenden Konsequenzen.

Doch „die wirklich extremen Veränderungen werden in anderen Regionen (Anm.: als in Europa) stattfinden. Etwa in Asien, wo der Monsun aus den Fugen zu geraten droht, oder in den kleinen Inselstaaten im Indischen Ozean, die ganz im Meer

---

[3] SCHNABEL, *Wer im Treibhaus sitzt...* (Die Zeit, 05/2001)
[4] DRÖSSNER/RAUNER, *Aus allen Wolken gefallen* (Die Zeit, 34/2002)
[5] vgl. FALLER, *Todtmoos, kein Wintermärchen* (Die Zeit, 14/2002)

versinken könnten."[6] und so kommen die Medien nicht umhin, auf die ungerechte Verteilung der Auswirkungen des Klimawandels hinzuweisen: „Der Klimawandel dagegen ist nicht nur schwer zu greifen, sondern in seinen globalen Auswirkungen auch besonders ungerecht: Verursacht höchstwahrscheinlich von den reichen, westlichen Industrienationen, treffen seine Folgen wie Dürre oder Überschwemmungen vor allem jene Länder Afrikas und Asiens, die sich dagegen am wenigsten wehren können."[7]

Der Hinweis auf die mangelnde Begreifbarkeit des Klimawandels, des mangelnden Frames zur Verarbeitung dieser Bedrohung und seiner Auswirkungen auf jeden einzelnen Menschen, macht deutlich, wie schwer dieses Thema einer breiten Öffentlichkeit vermittelbar zu sein scheint.

2.2.1 Erderwärmung

Auf die Erwärmung der Erdatmosphäre werden die sich vollziehenden Veränderungen des Wetters und die damit einhergehenden Katastrophen zurückgeführt. Die Erderwärmung ist, nach Darstellung der Medien, erstes Warnzeichen und Ursache für den Klimawandel.

„Die Erderwärmung ist in der Bundesrepublik längst spürbar."[8] erklärt „Die Zeit", doch objektiv lässt sich diese Behauptung ebenso wenig belegen wie die „gefühlte Preissteigerung" nach der Euroeinführung.

Was von den Medien angeführt wird, sind die wahrnehmbaren Veränderungen und Extremereignisse, „...heftiger Regen und extreme Trockenheit sind Warnzeichen. Es kann noch schlimmer kommen, wenn die Erde weiter aufgeheizt wird"[9].

2.2.2 Eisschmelze

Das Schmelzen des Eises aufgrund der Erderwärmung wird von den Medien als Fakt, durch die Berichte des IPCC gestützt, akzeptiert. Es lässt sich anhand des Vergleichs von alten und aktuellen Bildern, gerade von Gletschern, unkompliziert belegen und dem Kunden visuell vermitteln.

---

[6] DRÖSSNER/RAUNER, *Aus allen Wolken gefallen* (Die Zeit, 34/2002)
[7] SCHNABEL, *Wer im Treibhaus sitzt...* (Die Zeit, 05/2001)
[8] VORHOLZ, F., *Deutschland im Fieber* (Die Zeit, 51/2004)
[9] VORHOLZ, F., *Die große Flut, die große Dürre* (Die Zeit, 35/2002)

2.2.3 Jahrhundertereignisse

Ein Thema, das immer wieder für Schlagzeilen sorgt und sich offensichtlich medial gut in ebensolche umsetzen lässt, sind die so genannten Jahrhundertereignisse, die Rekorde seit Bestehen der Wetteraufzeichnungen, seit Menschengedenken.

Mit „Rekordkälte, Rekordhitze, Rekordregen – nicht nur dieses Jahr schlägt das Wetter Kapriolen. Superlative wie ‚die größte seit Beginn der Wetteraufzeichnungen gemessene Niederschlagsmenge' hört man immer öfter."[10] beginnt ein Artikel, ein anderer stellt klar: „Die 10 wärmsten Jahre seit Menschengedenken kamen sämtlich nach 1989."[11] und definiert sogleich die Aussichten auf das neue Jahrhundert: „Es scheint paradox, aber es hat zugleich ein Jahrhundert der Fluten begonnen – und der Dürren."[11]

Der wohl bekannteste Jahrhundertrekord wurde im Zuge der Flutkatastrophe an Elbe und Oder im Jahr 2002 aufgestellt, als im Erzgebirge stellenweise über 300 Liter Regen pro Quadratmeter niedergingen.[12]

2.2.4 Regen, Stürme, Fluten und Überschwemmungen

Diese Flutkatastrophe in der Bundesrepublik und ihren Nachbarstaaten weckt die Aufmerksamkeit der Medien und der allgemeinen Öffentlichkeit für die wahrnehmbaren Auswirkungen des Klimawandels – das Wetter soll zunehmend extremere Auswirkungen haben.[13] So ist die meteorologische Begründung für die Regenfälle zwar noch klimawandelunabhängig, aber dadurch, dass die Erde sich erwärmt, wurden die Regenfälle verstärkt. Eine höhere Temperatur steigert die Aufnahmekapazität der Wolken für Feuchtigkeit und z.B. bei einer ein Grad höheren Temperatur die Niederschlagsmenge um zehn Prozent, wenn die Wolken sich in den Alpen abregnen, durch die dort gestiegene Schneefallgrenze sogar noch einmal um einige weitere Prozent. So wird der Direktor am Max-Planck-Institut für Meteorologie in Hamburg und langjähriges Mitglied des IPCC, Hartmut Graßl, mit der Aussage zitiert: „Jedes Niederschlagsereignis wird intensiver" und der Autor zieht den Schluss „Und damit gefährlicher."[11]

Doch die Medien geben auf anderer Ebene, gestützt auf den IPCC-Bericht, auch Grund zur Beruhigung: „Und die oft beschworene Zunahme von Wirbelstürmen oder

---

[10] DRÖSSNER/RAUNER, *Aus allen Wolken gefallen* (Die Zeit, 34/2002)
[11] VORHOLZ, F., *Die große Flut, die große Dürre* (Die Zeit, 35/2002)
[12] vgl. SCHUH, *Deutschlands Dämme brechen* (Die Zeit, 34/2002)
[13] vgl. SCHNABEL, *Wer im Treibhaus sitzt...* (Die Zeit, 05/2001)

Tornados lässt sich – bislang jedenfalls – nicht nachweisen."[14], wenn auch der Hamburger Klimaforscher Guy Brasseur im Interview warnt: „Vieles spricht dafür, dass ... die Hurrikans zunehmen."[15]

2.2.5 Hitze, Dürre und Wüsten

Die Gegenseite des Klimawandels zu zunehmend stärkeren Regenfällen und den damit einhergehenden Problemen stellen Hitze und die damit einhergehenden Dürren dar.

Dürren gibt es bereits heute in der Bundesrepublik, etwa in Brandenburg, wo auf rund 75 Prozent der Landesfläche im Vergleich zu den sechziger Jahren merklich weniger Niederschlag ins Grundwasser sickert.[16] Wie schon beim Niederschlag ist es auch bei der Trockenheit so, dass die Lasten des Klimawandels wieder primär die Staaten Afrikas und Asiens betreffen,[17] aber nicht nur sie. So kam es im Jahr 2002 im Nordwesten der Vereinigten Staaten und Südwesten Kanadas zu einer Dürreperiode, in deren Folge die Redwood-Bäume, Mammutbäume, die zum Teil über 1000 Jahre alt sind, durch Trockenheit und Feuer vor ihrer Vernichtung standen.[18]

„Unter Wassermangel leiden auch das südliche Afrika, Australien und der Westen Indiens – dort grassiert die schlimmste Trockenheit seit mehr als hundert Jahren" schreibt Vorholz weiter[19] und stellt im gleichen Artikel ebenfalls klar, dass die anthropogene Erdwärmung die Wüsten wachsen lässt. In Australien hat der Versuch, den Wassermangel in den Griff zu bekommen, inzwischen derartige Ausmaße angenommen, dass man anonym Mitbürger melden kann, die Wasser verschwenden – dieses Angebot hat regen Zuspruch erfahren.[20]

Allerdings wird anderenorts auf die UN und deren Aussage, dass der primäre Grund für das Wüstenwachstum Überwirtschaftung und Erosion seien, verwiesen.[21]

2.3 Zukunftsszenarien

Nach der Betrachtung der Berichterstattung um die aktuellen Ereignisse der Klimaveränderungen wird in diesem Punkt die Berichterstattung um die erwarteten

---

[14] SCHNABEL, *Wer im Treibhaus sitzt...* (Die Zeit, 05/2001)
[15] SCHUH/SENTKER, *Baut Dämme auf* (Die Zeit, 11/2002)
[16] vgl. VORHOLZ, F., *Deutschland im Fieber* (Die Zeit, 51/2004)
[17] vgl. SCHNABEL, *Wer im Treibhaus sitzt...* (Die Zeit, 05/2001)
[18] vgl. VORHOLZ, F., *Die große Flut, die große Dürre* (Die Zeit, 35/2002)
[19] VORHOLZ, F., *Die große Flut, die große Dürre* (Die Zeit, 35/2002)
[20] vgl. BAALCKWOOD, *Down Under tobt der Wasserkrieg* (Stern, 18.01.2007)
[21] vgl. HÜRTER, T., *Warme Welt* (Die Zeit, 06/2006)

zukünftigen Ereignisse, insbesondere die von den Medien immer wieder gern herangezogenen Schreckensszenarien, betrachtet.

2.3.1 Trinkwasser

Als erstes Thema in diesem Komplex ist das Trinkwasser, insbesondere der Mangel an Trinkwasser, zu betrachten.

Die im IPCC vereinten Klimaforscher beschreiben in ihrem 2001 vorgelegten Bericht „Trinkwasserknappheit stellt die größte Bedrohung dar, der die menschliche Spezies je ausgesetzt war."[22]

Anderenorts wird der Wissenschaftsautor Fred Pearce unter der Fragestellung „Wird das Trinkwasser knapp?" mit den Worten „Der heutige Wasserverbrauch ist nicht aufrecht zu erhalten" zitiert und weiter ausgeführt: „der Kampf ums Wasser werde sich zur ‚prägenden Krise des 21. Jahrhunderts' entwickeln".[23]

2.3.2 Meeresspiegel

Wie schon zu Beginn dieses Kapitels festgestellt (s. 2.2 Wirkungen), erwartet das IPCC einen Anstieg des Meeresspiegels um 5 bis 88 cm im Laufe des Jahrhunderts. Flache Küstenregionen, Überschwemmungsgebiete und gerade die Inselstaaten im indischen und pazifischen Ozean sind davon akut bedroht.[24]

Bezug nehmend auf den im Februar 2007 erwarteten neuen Bericht des IPCC, prognostiziert der deutsche Ozeanexperte Stefan Rahmsdorf sogar einen Anstieg des Meeresspiegels um 50 bis 140 Zentimeter – bei einem Anstieg von einem Meter wären (nach Schaubild im Artikel) Hamburg und Bremen Städte an der Nordseeküste, die friesischen Inseln im Meer versunken.[25]

2.3.3 Golfstrom

Der Abriss des Golfstroms ist ein beliebtes Schreckensszenario, spätestens Roland Emmerichs Kinofilm „The day after tomorrow" hat dieses Konzept in die Köpfe eines Millionenpublikums gebracht. Doch Klimaforscher verweisen darauf, dass der Golfstrom an sich nicht direkt vom Klimawandel betroffen sein wird und dass der Abriss des, fälschlicherweise immer wieder für den Golfstrom gehaltenen, Ausläufer

---

[22] VORHOLZ, F., *Die große Flut, die große Dürre* (Die Zeit 35/2002)
[23] HÜRTER, T., *Warme Welt* (Die Zeit 06/2006)
[24] vgl. DRÖSSER, C./RAUNER, M., *Aus allen Wolken gefallen* (Die Zeit 34/2002)
[25] vgl. BADENSCHIER, F., *Meeres-Anstieg verdoppelt sein Tempo* (Spiegel Online (15.12.2006)

desselbigen, Nordatlantikstroms, welcher warmes Wasser aus den Tropen nach Mitteleuropa bringt, bis 2100 (so lange reichen die aktuellen Zukunftsprognosen) als sehr unwahrscheinlich anzusehen ist.[26]

3. Anpassungen

Mit der zunehmenden Berichterstattung über Klimawandel und dessen Folgen nimmt ebenfalls der Wunsch der Öffentlichkeit nach Möglichkeiten, den Klimawandel abzumildern, zu verhindern oder sich an dessen Folgen anzupassen, zu. Wie die Medien aufzeigen, auf welche Auswirkungen des Klimawandels sich die Allgemeinheit, die Politik und die Unternehmen einstellen müssen, wo Hindernisse liegen und wo Vermeidungs- und Anpassungsstrategien möglich sind, stellt dieses Kapitel dar.

3.1 Allgemeinheit

In einer Studie der Universität Marburg, in Auftrag gegeben vom Bundesumweltministerium und dem Umweltbundesamt, wurde von den Befragten der Treibhauseffekt als das persönlich bedrohlichste Umweltproblem genannt[27]. Durch die Sensibilisierung der Öffentlichkeit für dieses Thema gerät immer häufiger die Frage, wie mit den Folgen des Klimawandels umgegangen werden soll, in die Medien.

Neben der bereits heute wahrnehmbaren Zunahme von Wetterkatastrophen[28], ist die bereits festgestellte und prognostizierte globale Erwärmung[29] eine Entwicklung mit zahlreichen Folgen. Beispielsweise wurde untersucht, ob wärmeres Klima die Ausbreitung von Infektionskrankheiten mit sich bringe, wobei festgestellt wurde, dass sich die deutschen Risikogebiete für von Zecken übertragbare Krankheiten bereits ausgebreitet haben.[30] Auch Veränderungen in Ansiedlung und Verhalten von Zug- und Standvögeln wurden beobachtet.[30] Eine der gefährlichsten Folgen der steigenden Durchschnittstemperatur ist die Gefahr von Gesundheitsschäden oder

---

[26] vgl. SCHUH, H./ SENTKER, A., *„Baut Dämme auf"* (Die Zeit (11/2001); DRÖSSNER, C.,/ RAUNER, M., *Aus allen Wolken gefallen* (Die Zeit (34/2002) und HÜRTER, S., *Warme Welt* (Die Zeit 06/2006)
[27] Vgl. *Deutsche fühlen sich vom Klimawandel bedroht* (Spiegel Online 05.12.2006)
[28] Vgl. HÜRTER, T., *Warme Welt* (Die Zeit 06/2006)
[29] vgl. RAHMSTORF, S., *Wetter im Wandel* (Stern 18.01.2007)
[30] Vgl. VORHOLZ, F., *Deutschland im Fieber* (Die Zeit 51/2004)

Todesfällen durch Hitze, wie z.B. im Rekordsommer 2003, dessen Temperaturen in Zukunft häufiger erreicht werden könnten.[31] Zu diesem Zeitpunkt lässt sich der Klimaumschwung nicht mehr abwenden, sondern höchstens lindern.[32] In diesem Sinne hat das Umweltbundesamt im vergangenen Jahr ein „Kompetenzzentrum Klimafolgen und Anpassung" aufgebaut, welches Bund, Länder und Kommunen beraten und auch die Bevölkerung über Möglichkeiten der Klimaanpassung informieren soll.[33] Eine konkrete Maßnahme, die nicht nur das Klima schützt, sondern auch Geld spart, ist der sparsame Einsatz von Energie.[34]

3.2 Politik

Nach Veröffentlichung des zweiten Berichts des IPCC bezeichnet Klaus Töpfer, Leiter des UN-Umweltprogramms und ehemaliger deutscher Umweltminister, die Ergebnisse des Berichts als so dramatisch, dass nun „in jeder Hauptstadt und in allen Kommunen die Alarmglocken läuten" sollten.[34] Tatsächlich haben in Europa und vielen anderen Ländern Politiker und Öffentlichkeit weitgehend akzeptiert, dass sich das Klima ändert.[34] Auch erhöhen die Auswirkungen des Klimawandels auf die Allgemeinheit (siehe 3.1) den Druck auf die Politiker.

Ein Hindernis stellen allerdings finanzielle Punkte dar, so stellte „Die Zeit" die Frage: „Wie viel Rücksicht auf zukünftige Generationen kann sich ein Land leisten, dessen aktuelle wirtschaftliche Lage zu wünschen übrig lässt?",[35] beantwortete sie jedoch im selben Artikel: „Zahlreiche Untersuchungen ... belegen, dass Klimaschutz und wirtschaftliches Wohlergehen Hand in Hand gehen."[35] Berechnungen zufolge würde ein anspruchsvoller Klimaschutz etwa ein Prozent des weltweiten Sozialprodukts kosten, wohingegen die Behebung der wirtschaftlichen Schäden ohne ein solches Gegensteuern das Zehnfache kosten könne.[36] Nicholas Stern, wirtschaftlicher Gutachter der britischen Regierung, rechnet gar mit einer Weltwirtschaftskrise, sollten die Folgen des Klimawandels nicht bekämpft werden.[37] Allerdings würde, so Bundesumweltminister Sigmar Gabriel, auch die Politik meist nur in Legislaturperioden denken.[38]

---

[31] Vgl. RAHMSTORF, S., *Wetter im Wandel* (Stern 18.01.2007)
[32] Vgl. HÜRTER, T., *Warme Welt* (Die Zeit 06/2006)
[33] Vgl. EHRENSTEIN, C., *Der Klimawandel kann kommen* (Berliner Morgenpost 28.07.2006)
[34] vgl. SCHNABEL, U., *Wer im Treibhaus sitzt...*(Die Zeit 05/2001)
[35] VORHOLZ, F., *Vergiftetes Klima* (Die Zeit 14/2004)
[36] Vgl. BECKER, M., *Klima-Extreme verändern Deutschland* (Spiegel Online 17.10.2006)
[37] Vgl. *CO2-Ausstoß steigt kräftig an – Klimapolitik verpufft* (Spiegel Online 30.10.2006)
[38] Vgl. BECKER, M., *Klima-Extreme verändern Deutschland* (Spiegel Online 17.10.2006)

Eine Möglichkeit, dem Klimawandel zu begegnen, ist eine Mehrfachstrategie, die zum einen die Emissionen senkt und zum anderen Vorkehrungen trifft, um sich den Folgen des Klimawandels anpassen zu können.[39]

3.2.1 Kyoto-Protokoll

Das Kyoto-Protokoll zur weltweiten Reduktion der Kohlendioxid-Emissionen, wurde 1997 auf der Klimakonferenz in Japan ausgehandelt.[40] Es hatte jahrelang einen sehr schweren Stand, da es erst in Kraft treten würde, wenn es von Ländern, die zusammen mindestens 55% der weltweiten Kohlendioxid-Emissionen verursachen, ratifiziert wäre.[41] Da die USA eine Ratifizierung rundheraus ablehnten und auch Russland auf der Klimakonferenz in Mailand verkündete, es werde das Protokoll aus wirtschaftlichen Gründen nicht ratifizieren, und ohne zumindest eins der beiden Länder die verlangte Quote nicht zu schaffen war, schien der Vorstoß bereits gescheitert.[41] Als Russland im Herbst 2004 doch Bereitschaft zur Ratifizierung zeigte, machte „Die Zeit" aller verfrühten Vorfreude ein Ende: „… haben die Vertragspartner die Bestimmungen des Protokolls (von Kyoto, Anm. d. Verf.) dermaßen verwässert, dass selbst bei seiner Eins-zu-Eins-Umsetzung die Erde weiter aufgeheizt würde."[42] Auch bescheinigte „Die Zeit" der Kyoto-Vereinbarung „nur Symbolcharakter"[43] Der Vertrag basiere ausschließlich aus freiwilligen Besserungsgelöbnissen einzelner Staaten, wozu sämtliche Entwicklungsländer, darunter auch China und Indien, Länder mit rasch wachsendem CO2-Ausstoß, nicht bereit seien.[43]

Viele halten eine Verbesserung des Abkommens, ein „Kyoto-Plus", wie Angela Merkel es in einer Rede nannte für unumgänglich, zumal die Bestimmungen von Kyoto nach 2012 ihre Gültigkeit verlieren werden.[40] Die Wissenschaft und die Wirtschaft, die Planungssicherheit für langfristige Kalkulationen benötigt, drängen auf eine Weiterentwicklung.[40]

Eine sinnvolle Weiterentwicklung würde, entgegen der jetzigen Version, dem vereinbarten Ziel, eine gefährliche Störung des Klimasystems zu verhindern, gerecht

---

[39] Vgl. SCHUH/SENTKER, *Baut Dämme auf!* (Die Zeit 11/2001) und SCHNABEL, U., *Wer im Treibhaus sitzt…*(Die Zeit 05/2001)
[40] Vgl. VORHOLZ, F., *Alle wollen das Klima retten, keiner tut es* (Die Zeit 25/2005)
[41] Vgl. *Kampf um 0,03 Grad* (Die Zeit 51/2003)
[42] VORHOLZ, F., *Klimaschützer freuen sich zu früh* (Die Zeit 42/2004)
[43] Vgl. VORHOLZ, F., *Das Symbol von Kyoto* (Die Zeit 07/2005)

werden. Sie würde, neben den Industrienationen, auch aufstrebende Länder wie China und Indien zu einem wirksamen Klimaschutz bringen müssen. Und auch die USA als weltweit größter Emittent von Kohlendioxid müssten an der Vereinbarung teilnehmen.[44] Ein diesbezüglicher Erfolg wurde auf der Klimakonferenz in Montreal erzielt: die Fortsetzung des Kyoto-Abkommens nach 2012 wurde beschlossen, und die USA sagten die Weiterführung der Klimarahmenkonventionen von Rio zu.[45]

3.2.2 Konferenzen / Gipfel

In diesem Abschnitt soll die mediale Berichterstattung über Konferenzen bzw. Gipfel zum Thema Klima zusammengefasst und an einigen Beispielen dargestellt werden. „Die Zeit" schreibt über den Umweltgipfel im Jahre 1992 in Rio: "Sogar die Verträge von Rio zum Klimaschutz und Biodiversität wurden nicht ernst genommen. Artenschwund und Erderwärmung beschleunigen sich, die Bilanz ist desaströs."[46] Auf der Klimakonferenz in Den Haag im November 2000 hätten „...Klimapolitiker aller Länder ... erfolglos über Treibhausgase und Einsparpotenziale..."[47] gestritten. Angelika Zahrnt, Vorsitzende des Bund für Umwelt- und Naturschutz, spricht Bezug nehmend auf den Umweltgipfel in Johannesburg im Jahr 2002 von einer politischen Allianz gegen die EU, „...die eine globale Energiewende verhindert hat und das ist für das Klima ein ganz schwarzer Tag gewesen."[48] Die Klimakonferenz von Montreal, bei der Fortschritte zum Kyoto-Protokoll und der Klimarahmenkonvention von Rio gemacht wurden, wurde vom World Wildlife Fund als Erfolg bezeichnet, doch müsse das Tempo im Kampf gegen den Klimawandel erheblich erhöht werden.[45] Negative Schlagzeilen machte die Konferenz in Nairobi Ende 2006, als beispielsweise Länder wie Saudi-Arabien und Australien für Drittweltländer gedachte, finanzielle Unterstützung für sich forderten.[49] Nach Ende der Konferenz fällte „Die Zeit" das Urteil: „Der zwölftägige Klimagipfel in Afrika hat so gut wie nichts zum Kampf gegen die globale Erwärmung beigetragen".[50]

---

[44] Vgl. VORHOLZ, F., *Klimaschützer freuen sich zu früh* (Die Zeit 42/2004)
[45] Vgl. *Grünes Licht für Kyoto* (Die Zeit 50/2005)
[46] GREFE/HOFMANN/VORHOLZ, *Da brennt es überall* (Die Zeit 20/2002)
[47] SCHNABEL, U., *Wer im Treibhaus sitzt...* (Die Zeit 05/2001)
[48] *Ein schwarzer Tag für das Klima* (Die Zeit 36/2002)
[49] Vgl. *Absurde Vorschläge am Pranger* (Spiegel Online 10.11.2006)
[50] VORHOLZ, F., *Vergesst Nairobi!* (Die Zeit 47/2006)

3.3 Wirtschaft

Auflagen zum Klimaschutz und somit der Begrenzung von Kohlendioxid-Emissionen, scheinen in erster Linie etwas zu sein, was die Unternehmen ausschließlich als kostspielig betrachten. Umweltminister Sigmar Gabriel wird mit folgendem Satz zitiert: „Die Unternehmen sagen: Macht uns bloß nicht so viele Auflagen für den Klimaschutz, das kostet uns nur Geld."[51] Europäische Politiker, die auf Rückschritte in der Klimapolitik drängen, gehen davon aus, dass über Gebühr durch erzwungene Emissionsreduktion belastete Verbraucher und Betriebe ins günstigere Ausland abwandern würden, was ein Irrtum wäre: „Zahlreiche Untersuchungen,..., belegen, dass Klimaschutz und wirtschaftliches Wohlergehen Hand in Hand gehen. ... Der Glaube, Klimaschutz koste viel Geld, ist eine Mär. Richtig organisiert tut er das nicht."[52]

Spätestens durch die Studie von Nicholas Stern, in der er die Kosten des Klimawandels aufführt,[53] ist die Mediendebatte darüber, welche finanziellen Gefahren der Klimawandel mit sich bringt, entbrannt.[54] Durch zunehmende Unwetterschäden rückt auch die Versicherungsbranche, die zukünftig nicht allein in der Lage sein wird, finanziellen Schutz vor solchen Schäden zu gewährleisten,[55] in den Mittelpunkt.

Der Emissionsrechtehandel wird als Lösung der Problematik gesehen. Durch eine Ausgabe der Rechte im Rahmen einer kontrollierten, globalen Gesamtemission, einem Pro-Kopf-Verteilungsschlüssels und eines weltweiten Handels wäre ein Anreiz zur klimaschonenden Entwicklung oder Umstrukturierung gegeben, da Klimabelastung dann kostspielig sei. Auf diese Weise würde ein Daueranreiz zum Klimaschutz bestehen.[56] Für die bevölkerungsreichen Entwicklungsländer mit einer relativ geringen Pro-Kopf-Emission würde dies zudem einen Finanztransfer bedeuten, der ihnen helfen kann, „... die Armut zu bekämpfen und sich gleichzeitig „sauber" zu entwickeln.[57]

---

[51] SCHMITT, S., *Motivationstraining in Sachen Klimawandel* (Spiegel Online 25.11.2006)
[52] Vgl. und Zitat: VORHOLZ, F., *Vergiftetes Klima* (Die Zeit 14/2004)
[53] Vgl. SCHMITT, S., *Motivationstraining in Sachen Klimawandel* (Spiegel Online 25.11.2006)
[54] Vgl. *Studie: Kosten durch Klimawandel höher als Weltkriegsschäden* (Berliner Morgenpost 31.10.2006)
[55] Vgl. JAEGER/ SPRINZ/HASSELMANN, *Wer soll das bezahlen?* (Die Zeit 08/2003)
[56] Vgl. WICKE, L., *Radikal, aber gerecht* (Die Zeit 42/2003)
[57] VORHOLZ, F., *Alle wollen das Klima retten, keiner tut es* (Die Zeit 25/2005)

4. Diskussionen

Gegensätzliche Aussagen von Wissenschaftlern in den Medien bezüglich des Klimawandels, seiner Auswirkungen und Verursacher, sind in den vergangenen Jahren mehrfach getätigt worden. Welche Punkte sich als strittig erwiesen haben, welchen Hintergrund die entstandene Kontroverse hat und welche Rolle die Medien in diesem Zusammenhang spielen, soll in diesem Kapitel dargestellt werden.

4.1 Übertreibungen

Obwohl die Mehrheit der Deutschen den Klimawandel längst als Bedrohung erkannt hat („… im Bewusstsein der Deutschen, die mehrheitlich meinen, der Treibhauseffekt sei „äußerst" oder „sehr gefährlich")[58], existiert die immer wieder sichtbar werdende Tendenz einiger Journalisten, Forscher, Politiker und anderer Personen, die Folgen des Klimawandels, meist aus dem Zusammenhange gerissen, übertrieben darzustellen. Ein Umstand, der gerade unter Wissenschaftlern zum Streit führt.

Gründe für diese Tendenz liegen zum einen in der Sensationslust der Medien und zum anderen im Bestreben verschiedener Gruppen, durch Übertreibung die Öffentlichkeit aufzurütteln und der guten Sache zu dienen.

4.1.1 Guter Zweck

Im Jahr 2004 erschien der Kinofilm „The day after tomorrow" von Roland Emmerich, in dem das Abreißen des Golfstroms eine Eiszeit hereinbrechen lässt. Da der dargestellte Ablauf unter Ozeanografen als Phantasmagorie gilt,[59] ist der Film ein in den Medien häufig verwendetes Beispiel zur Behandlung der Frage, ob man, um einen guten Zweck zu erreichen, übertreiben dürfe.

Das Umweltministerium äußert sich zu Emmerichs Film dahingehend, dass der Ökothriller zwar übertreibe, die Szenen aber von tiefer umweltpolitischer Bedeutung seien gilt.[59] Sir David King, höchster wissenschaftlicher Berater der britischen Regierung, vertritt die Ansicht, der Film bringe die grundlegende Botschaft in wenigen Sätzen rüber. Emmerich selbst sieht seinen Film als Kritik an der US-Regierung und deren Umweltpolitik.[60]

---

[58] VORHOLZ, F., *Deutschland im Fieber* (Die Zeit 51/2004)
[59] Vgl. VON RANDOW, G., *Falscher Klima-Alarm* (Die Zeit 23/2004)
[60] Vgl. BECKER, M., *Klimaforscher streiten um Emmerichs Eismaschine* (Spiegel Online 13.05.2004)

„Die Zeit" stellt am 27.05.2004 die Frage: „Darf man für eine gute Sache übertreiben bis zum Schwindeln?"

Stefan Rahmstorf schreibt in der „Zeit" des 10.02.2005, er habe noch nie einen Wissenschaftler getroffen, der die Meinung vertrat, man könne ruhig etwas übertreiben, um die Öffentlichkeit aufzurütteln, denn so würde man an Glaubwürdigkeit, dem wertvollsten Kapital eines Wissenschaftlers, verlieren.[61]

Gero von Randow resümiert, ebenfalls in der Zeit: die Vorstellung, man sei im Besitz der Wahrheit und dürfe ihr zuliebe Übertriebenes, also Unwahres verbreiten, verachte das Wissen und die Demokratie gleichermaßen. Alarmismus nutze der Umwelt nicht, und die Ausgabe von Schreckensfantasien als klimawissenschaftliche Gewissheit schade der eigenen Sache, die doch der Aufklärung dienen soll.[62]

4.1.2 Sensationslust

Stefan Rahmstorf, Professor für Physik der Ozeane an der Universität Potsdam, forscht am Potsdam-Institut für Klimafolgenforschung.[63] Er verfasst Artikel zum Thema Klimawandel für „Die Zeit" (Bsp.: *Flotte Kurven, dünne Daten* (37/2002), *Das ungeliebte Weder- Noch* (07/2005)) und wird auch von anderen Publikationen häufig zu Rate gezogen (Bsp. *Wetter im Wandel* (Stern 18.01.2007), *Meeres-Anstieg verdoppelt sein Tempo* (Spiegel Online 15.12.2006)).

Prof. Rahmstorf veröffentlichte in der „Zeit" Nr. 07 vom 10.02.2005 einen Artikel mit dem Titel „Das ungeliebte Weder- Noch", Untertitel: „Was die Klimadebatte so schwierig macht: Medien wollen von den Wissenschaftlern vor allem Sensationen und Katastrophenwarnungen hören."

Der Verfasser geht in diesem Artikel u.a. auf den Meteorologen Hans von Storch und den Sozialwissenschaftler Nico Stehr ein, die den Forschern vorwarfen, „... sie würden absichtlich die Risiken des Klimawandels übertreiben, um damit mehr Aufmerksamkeit in der Öffentlichkeit zu erreichen."

---

[61] Vgl. RAHMSTORF, S., *Das ungeliebte Weder-Noch* (Die Zeit 07/2005)
[62] Vgl. VON RANDOW, G., *Falscher Klima-Alarm* (Die Zeit 23/2004)
[63] Vgl. RAHMSTORF/SCHELLNHUBER, *Der Klimawandel* (2007), S. 2

Die Veröffentlichung der Aussage von Storch und Stehr im „Spiegel", Wissenschaftler würden den Klimawandel „geschickt dramatisieren",[64] kommentiert Rahmstorf mit der Erwähnung seines einzigen Interviews mit dem „Spiegel". In diesem wurde ihm die Frage gestellt, ob Europa eine neue Eiszeit drohe, was er mit „Sicher nicht..." beantwortete, zwei Worte, die für die gedruckte Fassung aus Hang zur Dramatisierung gestrichen worden seien.

Storch und Stehr würden vielmehr selbst den „Hunger der Medien nach markigen Thesen" bedienen, da sie beispielsweise „eine neue „Ära McCarthy" heraufziehen sehen, in der Dissens unterdrückt werde". Rahmstorf zitiert sie: „Insofern werden wir erleben, wie die Propheten des Weltuntergangs die Klimagefahren in noch grelleren Bildern zeichnen."[64]

Um, wie Rahmstorf sie nennt, „klassische Medienirrtümer" (Die Zeit 07/2005) in der Presse zu vermeiden, listet Rahmstorf auf seiner Homepage[65] eben solche auf, um versehentliche von absichtlicher Dramatisierung unterscheiden zu können, indem er die Liste jedem Journalisten vor einem Interview zur Pflichtlektüre gebe. Darin finden sich Richtigstellungen und Erläuterungen zu Übertreibungen wie „Der Golfstrom reißt ab".[66]

Rahmstorf fasst zusammen, dass öffentliche Äußerungen zu diesem Thema eine Gratwanderung seien, da die Medien vereinfachen, Sätze aus dem Kontext reißen und in Richtung der Extreme drängen würden, um Meldungen mehr Nachrichtenwert zu verleihen. Zitat: „ Entweder soll die „Klimakatastrophe" (ich kenne keinen Wissenschaftler, der dieses Wort verwendet) nun noch viel schlimmer kommen als bislang gedacht, oder aber der Mensch hat nun doch keine Schuld am Klimawandel. Mit der realen Diskussion in der Wissenschaft haben beide Extreme sehr wenig zu tun."

4.2 Zweifel

Der Umstand der nicht existenten letzten Gewissheiten in der Klimaforschung, die es aufgrund des komplexen Zusammenspiels von Winden, Meeren, Variabilität und

---

[64] zit. nach RAHMSTORF, S., *Das ungeliebte Weder-Noch* (Die Zeit 07/2005)
[65] vgl. http://www.pik-potsdam.de/~stefan/eiszeitkommt.html
[66] Vgl. RAHMSTORF, S., *Das ungeliebte Weder-Noch* (Die Zeit 07/2005)

menschlichen Einflüssen nicht geben kann[67] und der daraus resultierende Vorwurf an die Klimakundler, „... dass sie nicht mehr Gewissheit zu bieten haben"[68] sorgt für, gerade in den Medien vertretenden, Zweifel an der gängigen Theorie des anthropogenen Klimawandels, gerade angesichts von Fehlern in Klimamodellen, beispielsweise in der Klimasimulation, die das Umweltbundesamt im April 2006 vorstellte.[69]

In Deutschland herrscht jedoch mittlerweile der generelle Konsens, den anthropogenen Klimawandel anzuerkennen („Eine natürliche Erklärung für die Klimaerwärmung ist ausgeschlossen"[68], „Während in Deutschland nur noch kleine Splittergruppen das Klimaproblem rundheraus leugnen..."[70], „Die Frage, wie sehr der Mensch das globale Klima beeinflusst, wird die Forscher noch lange beschäftigen. Dass er für viele Unwetterschäden selbst die Verantwortung trägt, ist dagegen heute schon unzweifelhaft."[71]). In den USA hingegen ist die Leugnung des Problems „... eine auch in Regierungskreisen respektable und maßgebliche Haltung[70].

Den Einfluss der Medien zeigen zwei Studien, entnommen aus RAHMSTORF/SCHELLNHUBER, *Der Klimawandel* (2007), S. 83f:

Eine im Jahre 2004 publizierte Studie der University of California untersuchte Fachpublikationen der klimatologischen Fachliteratur. Von den etwa 1000 untersuchten Fachpublikationen unterstützten 75% explizit oder implizit die Theorie des anthropogen verursachten Klimawandels. Die restlichen 25% machten keine Angabe.

Im selben Jahr veröffentlichte dieselbe Universität eine zweite Studie, die Artikel der führenden amerikanischen Tageszeitungen zwischen 1988 und 2002 zum Thema Klimawandel untersuchte. Von den 636 untersuchten Artikeln stellten 53% beide Thesen, also den Beitrag des Menschen und den rein natürlichen Ursprung des Klimawandels, etwa gleichgewichtig dar. 35% legten das Hauptaugenmerk auf den menschgemachten Klimawandel, die Gegenthese wurde auch erläutert. 6% stellten den Einfluss des Menschen als fragwürdig dar, weitere 6% behandelten ausschließlich den menschlichen Einfluss. Zitat aus o.g. Quelle: „Die Autoren der

---

[67] Vgl. SCHNABEL, U., *Wer im Treibhaus sitzt...*(Die Zeit 05/2001)
[68] HÜRTER, T., *Zwei Grad noch* (Die Zeit 42/2006)
[69] Vgl. MRASEK, V., *Peinlicher Fehler im Klimamodell* (Spiegel Online 13.10.2006)
[70] RAHMSTORF/SCHELLNHUBER, *Der Klimawandel* (2007), S. 83
[71] SCHUH, *Deutschlands Dämme brechen* (Die Zeit 34/2002)

Studie folgern daraus, dass eine falsche Vorstellung von Ausgewogenheit zu einer stark verzerrten Darstellung der Realität geführt hat..."

4.3 Unschuldsbehauptungen

4.3.1 Kohlendioxid-Lobby

Wenngleich im Großteil der medialen Behandlung des Klimawandels das Treibhausgas Kohlendioxid als einer der Gründe für die Erderwärmung genannt wird („...maßgeblich für die globale Erwärmung sorgt"[72], „Wie viel Kohlendioxid kann die Atmosphäre wegstecken, ohne dass das Klima außer Kontrolle gerät?"[73]), gibt es Personen und Gruppen, die den Einfluss des Gases leugnen und ihre Meinung mittels der Medien kundtun.

So produzierte das Competitive Enterprise Institute (CEI) zwei Werbeclips zur Ausstrahlung im amerikanischen Fernsehen von 15 Städten, darunter Austin, Denver, Dallas und Washington. Diese Clips haben eine Reinwaschung des Kohlendioxids von der Bezeichnung „Schadstoff" zum Ziel und wurden auch im Internet veröffentlicht.[74] Eine Woche vor dem US-Kinostart der Dokumentation „An inconvenient truth" von Al Gore im TV gestartet, verteidigen die Clips Kohlendioxid als wichtigen Teil des Lebens. Die positiven Auswirkungen, die Kohlendioxid auf das Leben hat, werden medienwirksam mit Bild und Text („Die Kraftstoffe, die $CO2$ freisetzen, haben uns aus einer Welt der Knochenarbeit befreit, unser Leben erleuchtet, sie erlauben uns, Dinge herzustellen und zu transportieren, die wir brauchen, und die Menschen, die wir lieben", Übersetzung des Textes des Clips entnommen aus Spiegel Online, 18. Mai 2006) hervorgehoben. Die negativen Auswirkungen auf die Erderwärmung werden insofern kommentiert, dass der zweite Clip aussagt, dass Wissenschaftler und Journalisten solche Forschungsergebnisse, die das Gegenteil beweisen, unterdrücken.[75]

Der Slogan der Clips der „Bush- und industrienahen Organisation" Die nennen es Verschmutzung, wir nennen es Leben (Spiegel Online 18.05.2006)) lautet: „They call it pollution, we call it life."[74]

---

[72] VORHOLZ, F. *Deutschland im Fieber* (Die Zeit 51/2004)
[73] HÜRTER, T., *Zwei Grad noch* (Die Zeit 42/2006)
[74] http://streams.cei.org
[75] Vgl. *Die nennen es Verschmutzung, wir nennen es Leben* (Spiegel Online 18.05.2006)

„Spiegel Online" bezeichnet die Clips am 18.05.06 als „... an Absurdität kaum zu überbieten.", und urteilt: „Inhaltlich sind sie hart an der Grenze zur Volksverdummung." Der Artikel wirft vor, der Clip ignoriere den Unterschied zwischen natürlichen Kohlendioxid-Kreisläufen und dem menschgemachten Ungleichgewicht und schließt mit dem Verweis auf den in Kürze erscheinenden Bericht des IPCC über den Stand der Forschung zu Mensch, Klima und Kohlendioxid, von dem bereits im Vorfeld berichtet werde, dass die Beweise, dass der Großteil der beobachtbaren Erwärmung auf menschliches Handeln zurückzuführen sei, stichhaltiger würden.

4.3.2 Sonnenfleckenzyklus

Es scheiden sich die Geister einiger Wissenschaftler an dieser Frage. Die Gruppe der Wissenschaftler, die den Einfluss der Sonne auf die globale Erwärmung als bedeutender als den des Kohlendioxid einschätzen, klagen über Denkverbote der tonangebenden CO_2-Fraktion.[76] Die Stratosphären-Expertin Karin Labitzke von der Freien Universität Berlin kritisiert: „Der Einfluss der Sonne ist ein Tabuthema. ... Wenn wir davon reden, wird uns sogleich vorgeworfen, wir seien auch gegen das Energiesparen."[77] Die Anhänger der Kohlendioxid-Theorie sind der Meinung, die Sonne habe nur einen geringen Anteil an der globalen Erwärmung.[76]

Bis vor wenigen Jahren vertrat auch die Regierung der USA die Auffassung, Veränderungen der Sonnenaktivität und nicht Energieverbrauch sei Ursache für globale Erwärmung. Diese Einstellung wurde jedoch im Wahlkampf 2004 revidiert.[78]

Im „Spiegel" 23/2001 erschien ein Interview mit Ulrich Berner, Leiter der Klimaabteilung an der Bundesanstalt für Geowissenschaften und Rohstoffe in Hannover, einer dem Wirtschaftsministerium unterstellten Bundesbehörde. Ulrich Berner, dessen Institut unter anderem auch die Klimageschichte rekonstruiert, bezweifelt darin, „dass der Temperaturanstieg der letzten 150 Jahre vollständig auf CO_2 zurückzuführen ist."

---

[76] vgl. TRAUFETTER, G., *Die Launen der Sonne* (Spiegel 23/2001)
[77] TRAUFETTER, G., *Die Launen der Sonne* (Spiegel 23/2001)
[78] vgl. VORHOLZ, F. *Neue Chance für den Klimaschutz* (Die Zeit 37/2004)

Berner bezeichnet die Aussagen des Intergovernmental Panel on Climate Change, Treibhausgase wie Kohlendioxid und Methan seien die eigentlichen Verursacher des Temperaturanstiegs, als „überhaupt nicht eindeutig". Er stellt dar, dass die vom IPCC prognostizierte Erwärmung von bis zu 5,8°C „überzogen" sei und dass die zu erwartende Erwärmung geringer ausfallen werde und Wirkung eines ansteigenden Sonnenfleckenzyklus sei. Die Erwärmung werde „nichts übersteigen, was die Menschheit nicht schon in früheren Zeiten erlebt hat". Er erwähnt, dass Klimaveränderungen den veranlasst haben, sich anzupassen und nennt die positiven Auswirkungen des mittelalterlichen Klimahochs, welches in Europa „blühende Landschaften" entstehen ließ.

Nichtsdestotrotz unterstütze er das Kyoto-Protokoll und Maßnahmen zur Energieeinsparung, um fossile Energiereserven zu schonen.

Im darauf folgenden Jahr geht Stefan Rahmstorf in der „Zeit" auf die Theorie, die Sonne sei für die globale Erwärmung, verantwortlich, ein.[79] Einleitend erläutert er die von den dänischen Forschern Friis-Christensen und Lassen im Jahr 1991 veröffentlichte Kurve, aus der sie folgerten, dass die globale Erwärmung größtenteils auf die Sonnenaktivität zurückzuführen sei. Zwei Jahre später zog Knud Lassen selbst seine Kurve zurück, da Kollegen deren Fehlerhaftigkeit entdeckt hatten, und ersetzte sich durch eine mit aktuellen Daten neu erstellte, aus welcher er nun folgerte, dass die Sonnenaktivität das Klima in den letzten 25 Jahren nicht hätte aufheizen können und dass die starke Erwärmung in diesem Zeitraum auf den Einfluss des Menschen deute.

Auf die erste Version dieser Kurve habe sich Berner bezogen, und diese war auch neben seinem Interview abgedruckt – „leider ohne jeden Hinweis auf die neue Version der Lassen-Kurve, die das Gegenteil seiner Thesen belegt."

Rahmstorf stellt abschließend dar, dass eine echte wissenschaftliche Debatte hinter dem „Medienspektakel" nirgends zu finden sei, denn „um die derzeitigen Einschätzungen des IPCC zu erschüttern, müssten konkrete neue Daten und Ergebnisse vorgelegt werden – Medienauftritte sind dazu nicht geeignet."

---

[79] vgl. RAHMSTORF, S., *Flotte Kurven, dünne Daten* (Die Zeit 37/2002)

5. Erkenntnisse

Der anthropogene Klimawandel wird in den Medien grundsätzlich nicht geleugnet, und es gibt häufig Berichte über dieses Thema.

„Das Verhältnis von Klimaforschern zu den ... Medien ist oft angespannt. Wissenschaftler beklagen, dass ihre Resultate im öffentlichen Diskurs missbraucht, verzerrt oder gänzlich falsch dargestellt werden. Andererseits ist die Wissenschaft auf die Medien angewiesen, damit ihre Ergebnisse überhaupt in der Öffentlichkeit wahrgenommen werden."[80]

Deutlicher lässt sich das Spannungsfeld zwischen Medien und Wissenschaft in diesem Themenbereich kaum beschreiben. Wo die Medien nach definitiven Aussagen suchen, verweisen die Wissenschaftler auf theoretische Modelle, die Zukunftsprognosen in Wahrscheinlichkeiten erfassen und dementsprechend immer zumindest einen statistischen Fehler beinhalten.

Die Berichterstattung konzentriert sich primär darauf, was passiert ist, was noch passieren kann, und dass definitiv etwas gegen den anthropogenen Klimawandel getan werden muss.

Während zu Beginn der Berichterstattung viele Grundlagen, wie der Treibhauseffekt und die Auswirkungen erläutert werden, wird der Klimawandel inzwischen in Artikeln nicht mehr als isoliertes Problem dargestellt. In immer mehr Artikeln, insbesondere in den Bereichen Wirtschaft und Politik, finden der Klimawandel und der Schutz des Klimas inzwischen Erwähnung, wobei dort das grundlegende Verständnis, was der Klimawandel und seine Begleitumstände sind, bereits vorausgesetzt wird.

Die Medien sind sehr deutlich in ihrer Kritik gegenüber der Politik. Immer wieder stellen sie heraus, dass die Handlungen der Politiker viel zu ungenügend und zaghaft sind, um dem Klimawandel Herr zu werden und sich an seine Auswirkungen anzupassen.

---

[80] RAHMSDORF/ SCHELLENHUBER, *Der Klimawandel* (2007), Seite 82

Einig sind sich Wissenschaftler und Medien darin, dass zur Bekämpfung des Klimawandels und seiner Auswirkungen eine Doppelstrategie erforderlich sein wird: Auf der einen Seite der Klimaschutz, insbesondere Schritte, um die Belastung des Klimas zu reduzieren und die bereits erfolgten Schäden zu beheben, und parallel dazu Anpassungsmaßnahmen, um für die Auswirkungen der Klimaveränderungen gewappnet zu sein.

In Bezug auf Lösungsvorschläge oder zumindest Berichte über Möglichkeiten, etwas dagegen zu tun, halten sich die Medien sehr zurück.

Ein weiterer Trend in den Medien ist eine Berichterstattung über die Berichterstattung der Medien über den Klimawandel.

Der Kampf gegen den Klimawandel ist ein nachhaltiger Prozess.
Die Erde und ihr Klima stellen die ultimativ beschränkten Ressourcen der menschlichen Existenz dar.
Die Medien versuchen immer wieder, in ihren Berichten deutlich machen, dass es sich bei diesem Themenkomplex um einen sehr langfristigen Prozess handelt. So werden Maßnahmen heute erst in Jahren einen Effekt auf das Klima haben, da insbesondere die Atmosphäre sehr träge auf Veränderungen reagiert.
Gestützt auf wissenschaftlich-ökonomische Studien, wie den Stern-Report, versuchen die Medien, zu erklären, dass heute die Kosten zum Vermeiden eines weiteren Klimawandels bei weitem geringer sein werden als die Kosten, die entstehen werden, wenn sich der Klimawandel mit allen schon erlebten und sich weiter verschärfenden Umweltproblemen ungehindert und vom Menschen verursacht weiter entwickelt.

Literaturverzeichnis:

BADENSCHIER, F., Meeres-Anstieg verdoppelt sein Tempo, in: Spiegel Online, 15.12.2006, http://www.spiegel.de/wissenschaft/natur/0,1518,454557,00.html, Abruf 28.01.2007

BECKER, M., Klimaforscher streiten über Emmerichs Eismaschine, in: Spiegel Online, 13.05.2004, http://www.spiegel.de/wissenschaft/natur/0,1518,299652,00.html, Abruf 22.01.2007

BECKER, M., Klima-Extremer verändern Deutschland, in: Spiegel Online, 17.10.2006, http://www.spiegel.de/wissenschaft/natur/0,1518,443013,00.html, Abruf 14.01.2007

BOJANOWSKI, A., Rüpeleien unter Klimaforschern, in: Spiegel Online, 28.07.2006, http://www.spiegel.de/wissenschaft/natur/0,1518,428996,00.html, Abruf 14.01.2007

BRANDMEIER, F., Zweifel an Bushs Öko-Gesinnung, in: Weser Kurier, 25.01.2007

DIETRICH, H.-P., Klima wird zum Topthema, in Weser Kurier, 26.01.2007

DRÖSSER, C./RAUNER, M., Aus allen Wolken gefallen, in: Die Zeit, Nr. 34/2002

EHRENSTEIN, C., Der Klimawandel kann kommen, in: Berliner Morgenpost, 28.07.2006

FALLER, H., Todtmoos, kein Wintermärchen, in: Die Zeit, Nr. 14/2002

GREFE/HOFMANN/VORHOLZ, Da brennt es überall, in: Die Zeit, Nr. 20/2002

HERTSGAARD, M., Dieser Mann verändert das Klima, in: Die Zeit 06/2006

HETHEY, F., In Zukunft wird es stürmischer, in Weser Kurier, 17.01.2007

HEUSER, U., Nichts im Bush, in: Die Zeit, Nr. 09/2002

HINRICHS, J., „Wer nur abwarten will, verkennt die Gefahren", in: Weser Kurier, 02.02.2007

HÜRTER, T., Warme Welt, in: Die Zeit, Nr. 06/2006

HÜRTER, T., Zwei Grad noch, in: Die Zeit, Nr. 42/2006

HÜRTER, T./JUNGCLAUSSEN, J., „Noch haben wir die Wahl", in: Die Zeit, Nr. 47/2006

INGENRIETH, A., Neue CO^2-Grenzwerte gelten ab 2012, in: Weser Kurier 07.02.2007

JAEGER/SPRINZ/HASSELMANN, Wer soll das bezahlen?, in: Die Zeit, Nr. 08/2003

KLEINE-BROCKHOFF, T., Der heimliche Wandel, in: Die Zeit, Nr. 42/2006

KOHLER, S., Atomkraft – tschüs, danke!, in: Die Zeit, Nr. 31/2002

LANGKAMP, T., Die Sonne ist nur Statist, in: Stern, 25.01.2007

LEEN, S., Freiheit!, in: National Geographic Deutschlang, 08/2005

MAKARTSEV, A., Grüner Engel oder George Bush?, in: Weser Kurier, 06.02.2007

MRASEK, V., Peinlicher Fehler im Klimamodell, in: Spiegel Online, 13.10.2006, http://www.spiegel.de/wissenschaft/natur/0,1518,442446,00.html, Abruf 14.01.2007

PEARCE, F., Most predictions on global warming are probably wrong, in: NewScientist, 18.07.2001

PETERS/HEINRICHS, Öffentliche Kommunikation über Klimawandel und Sturmflutrisiken, Forschungszentrum Jülich, 2005

PFEIFER, N., Abhängigkeiten und Atomkonsens, in: Weser Kurier, 10.01.2007

PFEIFER, N., „Windkraft auf See hat beste Chancen", in: Weser Kurier, 12.01.2007

PÖTTER, B., Klimakiller ersten Ranges, in: Die Zeit, Nr. 4/2007

RAHMSTORF, S., Flotte Kurven, dünne Daten, in: Die Zeit, Nr. 37/2002

RAHMSTORF, S., Das ungeliebte Weder-Noch, in: Die Zeit, Nr. 07/2005

RAHMSTORF, S., Wetter im Wandel, in: Stern, 19.01.2007

RAHMSTORF/SCHELLNHUBER, Der Klimawandel, München, 4. Aufl. 2007

SAREWITZ, D., Forscher, Hände weg von der Politik, in: Spiegel Online, 09.09.2006, http://www.spiegel.de/wissenschaft/mensch/0,1518,435938,00.html, Abruf 14.01.2007

SATOR, C., Prinz Andrew ist der Schlimmste, in Weser Kurier, 04.02.2007

SCHMITT, S., Motivationstrainer in Sachen Klimawandel, in: Spiegel Online, 25.11.2006, http://www.spiegel.de/wissenschaft/mensch/0,1518,450590,00.html, Abruf 14.01.2007

SCHMITT, S., Globale Erwärmung belegt und geleugnet, in: Spiegel Online, 23.06.2006, http://www.spiegel.de/wissenschaft/natur/0,1518,423219,00.html, Abruf 22.01.2007

SCHNABEL, U., Wer im Treibhaus sitzt…, in: Die Zeit, Nr. 05/2001

SCHUH, H., Deutschlands Dämme brechen, in: Die Zeit, Nr. 34/2002

SCHUH, H., Was für ein Klima!, in: Die Zeit, Nr. 31/2006

SCHUH/SENTKER, „Baut Dämme auf!", in: Die Zeit, Nr. 11/2001

TILLERMANS, A., Spezial: Klimaforscher Stefan Rahmstorf stellt klar: Versiegen des Golfstroms ist keineswegs wahrscheinlich, in: wissenschaft.de, 25.07.2001, http://www.wissenschaft.de/wissen/news/drucken/152831.html, Abruf: 14.01.2007

THIERBACH, M., Am Rande des Orkans, in: Weser Kurier, 17.01.2007

THIERBACH, M., Nur Kleinwagen stoßen wenig Abgas aus, in: Weser Kurier, 26.01.2007

THIERBACH, M., Autos tunen, Autos teilen, in: Weser Kurier, 02.02.2007

TRAUFETTER, G., Die Launen der Sonne, in: Die Zeit, Nr. 23/2001

VON RANDOW, G., Falscher Klima-Alarm, in: Die Zeit, Nr. 23/2004

VORHOLZ, F., Geschäfte mit der Luft, in: Die Zeit, Nr. 12/2002

VORHOLZ, F., Einheizer auf vier Rädern, in: Die Zeit, Nr. 21/2002

VORHOLZ, F., Die große Flut, die große Dürre, in: Die Zeit, Nr. 35/2002

VORHOLZ, F., Vergiftetes Klima, in: Die Zeit, Nr. 14/2004

VORHOLZ, F., Neue Chance für den Klimaschutz, in: Die Zeit, Nr. 37/2004

VORHOLZ, F., Die Klimaschützer freuen sich zu früh, in: Die Zeit, Nr. 42/2004

VORHOLZ, F., Deutschland im Fieber, in: Die Zeit, Nr. 51/2004

VORHOLZ, F., Das Symbol von Kyoto, in: Die Zeit, Nr. 07/2005

VORHOLZ, F., Alle wollen das Klima retten, keiner tut es, in: Die Zeit, Nr. 25/2005

VORHOLZ, F., Sind die Menschen noch zu retten?, in: Die Zeit, Nr. 47/2006

VORHOLZ, F., Vergesst Nairobi!, in: Die Zeit, Nr. 47/2006

WENDLER, J., Alles hängt an der Wirtschaft, in: Weser Kurier, 02.02.2007

WICKE, L., Radikal, aber gerecht, in: Die Zeit, Nr. 42/2003

ZANDER, B., Down Under tobt der „Wasserkrieg", in: Stern, 18.01.2007

Potsdam Institute for Climate Impact Research – Stefan Rahmstorf – Die Eiszeit kommt – und andere Presse-Irrtümer (Homepage), http://www.pik-potsdam.de/~stefan/eiszeitkommt.html, 22.01.2007

nicht genannter Autor, Umdenken beim Thema Klimawandel, in: Berliner Morgenpost, 12.07.2002

nicht genannter Autor, Ein schwarzer Tag für das Klima, in: Die Zeit, Nr. 36/2002

nicht genannter Autor, UN-Klimakonferenz in Neu Delhi, in: Die Zeit, Nr. 45/2002

nicht genannter Autor, Klima für Knochenbrecher, in: Die Zeit, Nr. 32/2003

nicht genannter Autor, Kampf um 0,03 Grad, in: Die Zeit, Nr. 51/2003 nicht genannter Autor, Menschen haben Einfluß auf den Klimawandel, in: Berliner Morgenpost, 26.11.2005

nicht genannter Autor, Europa droht extremer Klimawandel, in: Berliner Morgenpost, 30.11.2005

nicht genannter Autor, Grünes Licht für Kyoto, in: Die Zeit, Nr. 50/2005

nicht genannter Autor, „Die nennen es Verschmutzung, wir nennen es Leben", in: Spiegel Online, 18.05.2006, http://www.spiegel.de/wissenschaft/natur/0,1518,416843,00.html, Abruf 14.01.2007

nicht genannter Autor, Klimaforscher finden Al Gores Film korrekt, in: Spiegel Online, 28.06.2006, http://www.spiegel.de/wissenschaft/natur/0,1518,424134,00.html, Abruf 22.01.2007

nicht genannter Autor, Klimawandel bedroht die Weltwirtschaft, in: Spiegel Online, 30.10.2006, http://www.spiegel.de/wissenschaft/mensch/0,1518,445410,00.html, Abruf 14.01.2007

nicht genannter Autor, CO2-Ausstoß steigt kräftig – Klimapolitik verpufft, in: Spiegel Online, 30.10.2006, http://www.spiegel.de/wissenschaft/mensch/0,1518,445528,00.html, Abruf 14.01.2007

nicht genannter Autor, Studie: Kosten durch Klimawandel höher als Weltkriegsschäden, in: Berliner Morgenpost, 31.10.2006

nicht genannter Autor, Warten auf ein Zeichen, in: Spiegel Online, 06.11.2006, http://www.spiegel.de/politik/ausland/0,1518,446706,00.html, Abruf 14.01.2007

nicht genannter Autor, China erzeugt 2010 mehr Kohlendioxid als USA, in: Spiegel Online, 08.11.2006, http://www.spiegel.de/wissenschaft/natur/0,1518,447223,00.html, Abruf 14.01.2007

nicht genannter Autor, Absurde Vorschläge am Pranger, in: Spiegel Online, 10.11.2006, http://www.spiegel.de/wissenschaft/mensch/0,1518,447678,00.html, Abruf 14.01.2007

nicht genannter Autor, Korallen im Hitzestress, in: National Geographic Deutschland, 12/2006

nicht genannter Autor, Deutsche fühlen sich vom Klimawandel bedroht, in: Spiegel
Online, 05.12.2006,

http://www.spiegel.de/wissenschaft/natur/0,1518,452691,00.html,

Abruf 14.01.2007

nicht genannter Autor, EU will Treibhausgasausstoß um 20 Prozent senken, in:
Spiegel Online, 10.01.2007,

http://www.spiegel.de/wissenschaft/natur/0,1518,458827,00.html,

Abruf 14.01.2007

nicht genannter Autor (AFP), EU macht Druck auf Autobauer, in: Weser Kurier,
23.01.2007

nicht genannter Autor, Wut und Spott nach Verbot von Klima-Dokumentation, in:
Spiegel Online, 28.01.2007,

http://www.spiegel.de/wissenschaft/natur/0,1518,462711,00.html, Abruf 29.01.2007

nicht genannter Autor (DPA), Klimawandel unterschätzt?, in: Weser Kurier,
02.02.2007

Abkürzungsverzeichnis:

IPCC   Intergovernmental Panel on Climate Change